Mandarine et Kiwi

Les crêpes au sirop d'érable

Texte : Laïla Héloua
Illustrations : Nathalie Lapierre

À tous les petits becs sucrés,
en particulier Gabrielle,
William et Juliette.
Laïla

À Daniel, fier complice
dans la poursuite de mes rêves.
Nathalie

Le raton laveur

Catalogage avant publication de Bibliothèque et Archives Canada

Héloua, Laïla

Les crêpes au sirop d'érable

(Mandarine et Kiwi)
(Le raton laveur)
Pour enfants de 3 à 8 ans.

ISBN 2-89579-076-0

I. Lapierre, Nathalie. II. Titre. III. Collection: Héloua, Laïla. Mandarine et Kiwi. IV. Collection: Raton laveur (Bayard (Firme)).

PS8615.E46C73 2006 jC843'.6 C2005-942185-1
PS9615.E46C73 2006

Nous reconnaissons l'aide financière du gouvernement du Canada par l'entremise du Programme d'aide au développement de l'industrie de l'édition (PADIÉ) pour nos activités d'édition.

Conseil des Arts du Canada Canada Council for the Arts

Bayard Canada Livres Inc. remercie le Conseil des Arts du Canada du soutien accordé à son programme d'édition dans le cadre du Programme des subventions globales aux éditeurs.
Cet ouvrage a été publié avec le soutien de la SODEC.
Gouvernement du Québec – Programme de crédit d'impôt pour l'édition de livres – Gestion SODEC.

ISBN-10 2-89579-076-0
ISBN-13 978-2-89579-076-1

Dépôt légal – 1er trimestre 2006
Bibliothèque nationale du Québec
Bibliothèque nationale du Canada

Direction : Paule Brière
Graphisme : Mathilde Hébert
Révision : Marie Théorêt

4475, rue Frontenac, Montréal (Québec), Canada H2H 2S2
Téléphone : (514) 844-2111 ou 1 866 844-2111
Télécopieur : (514) 278-3030
Courriel : edition@bayard-inc.com

Imprimé au Canada

www.ratonlaveur.ca

Sur le site Internet :

Fiches d'activités pédagogiques
en lien avec tous les albums des collections Le raton laveur et Petit monde vivant

Fiches d'auteurs et d'illustrateurs

Catalogue complet

Mandarine et Kiwi se sont levés tôt.
Ils ont hâte de préparer
le petit-déjeuner
avec leurs parents.

Voilà la nappe, les assiettes, les ustensiles, les tasses.

– Regarde, Kiwi. Maman a préparé de la pâte à crêpes.
– Youpi ! Les crêpes du dimanche matin !
– Ne fais pas trop de bruit, Kiwi. Papa et Maman dorment.
– Il est où, le sirop d'érable ?
– Là, regarde, dans l'armoire.

C'est le printemps.
C'est « le temps des sucres ».
La semaine passée, nous sommes allés visiter une érablière. C'est là qu'on fabrique le sirop d'érable.

M. Joufflu,
le propriétaire
de la sucrerie,
est un acériculteur.
C'est le nom qu'on donne
au producteur de sirop d'érable.
Il travaille très fort pour fabriquer
notre bon sirop.

Pour que l'eau d'érable coule,
M. Joufflu entaille l'arbre.
Il fait un petit trou dans l'écorce.
Ça ne fait pas de mal à l'érable.
Ensuite, quand tous les érables
sont entaillés, il installe un chalumeau.
L'eau d'érable coule comme
dans une paille.

M. Joufflu nous a montré comment l'eau circule d'un arbre à l'autre par de petits tubes de plastique jusqu'à un immense réservoir qui sert de bouilloire.

Mmm... Ça sentait bon et il faisait chaud dans la cabane à sucre.

L'eau d'érable bout de longues heures avant de se transformer en sirop. Et ce délicieux sirop, nous l'avons dégusté d'une façon bien spéciale...

Nous sommes ressortis
et M. Joufflu a versé une louche
de sirop chaud sur de la belle
neige blanche.

En refroidissant, le sirop
est devenu de la tire !
Miam ! On a enroulé plusieurs fois
notre petit bâton dans la tire.

Avant de partir, nous sommes allés à la boutique.
Nous voulions tout acheter !
Nous avons choisi des bonbons à l'érable,
du beurre d'érable et du sirop d'érable
pour rapporter à la maison.

tire
sirop
beurre

– Maman, Papa, bisous, bisous,
réveillez-vous, c'est nous, c'est nous.
– Bonjour, mes chéris. Bisous, mes amours.
– On a une surprise pour vous.
Tout est prêt pour faire les crêpes.
– Il n'y a plus qu'à les faire cuire.
– Même le sirop d'érable est dans
le petit pot sur la table.
– Oh ! Merci, mes poussins. C'est gentil
de nous avoir laissé dormir.

– Papa est le meilleur pour tourner les crêpes !
– À qui la première ?
– À moi ! À moi !
– Avec beaucoup de sirop...

La recette de pâte à crêpes de maman

Pour 4 personnes

- 250 grammes de farine
- 4 œufs
- 1/2 litre de lait
- 1 cuillère à soupe de sucre
- 1 pincée de sel
- 50 grammes de beurre ou d'huile

Dans un bol, versez la farine tamisée, le sucre et le sel. Formez un puits au centre de la farine. Incorporez les œufs, en remuant à la cuillère en bois. Lorsque le tout commencent à s'amalgamer, versez le lait peu à peu.

Laissez reposer la pâte au moins une demi-heure. (Vous pouvez aussi la préparer la veille, comme la maman de Mandarine et Kiwi.)

Enduisez une poêle très chaude d'un peu de beurre ou d'huile. Versez une demi-louche de pâte et faites-la cuire quelques minutes, jusqu'à ce que de petits trous se forment à la surface. Retournez la crêpe et laissez-la cuire encore quelques minutes, jusqu'à ce qu'elle soit bien dorée.

Suggestions pour parfumer votre pâte à crêpes : quelques gouttes d'essence de vanille, de fleur d'oranger ou des zestes de citron ou d'orange.

Le sirop se transforme...

Sirop d'érable : Il faut faire bouillir 40 litres d'eau d'érable jusqu'à 104 °C pour produire 1 litre de sirop d'érable.

Tire d'érable : On obtient de la tire d'érable pour dégustation sur la neige en faisant bouillir l'eau d'érable à 114 °C.

Sucre d'érable mou : Si on fait bouillir le sirop jusqu'à 114,5 °C, en brassant le liquide tout en le refroidissant, on obtient du sucre d'érable mou.

Sucre d'érable dur : Si la température atteint 118 °C, on obtient du sucre d'érable dur.

Cueillette d'eau d'érable à l'ancienne

Lexique

Acériculteur ou acéricultrice
Nom que l'on donne à la personne qui produit le sirop d'érable.

Érablière
L'endroit où des érables sont plantés pour la production de sirop d'érable.

Chalumeau
Petit tuyau fixé dans l'écorce qui permet à la sève de s'égoutter.

Évaporateur
Immense bouilloire dans laquelle l'eau d'érable est versée. Au fur et à mesure que l'eau s'évapore, elle se transforme en un concentré : le sirop d'érable.